ROOHANIYAT

PRANJAL GOSAI

this is your sign to say it……

Contents

Preface

the book holds a special place in my heart . this is the first time i have carassed words in a language that is loved by everyone. because it adds magic to the feelings.

ehsaas

naya sa ik ehsaas ho raha hai ..

tumhare pass hone par dil naach uth ta hai

lagta hai khuda mujhe tere ishq se navvaz raha hai..

teri ankho me kho jaate hai hum

dil ki shaitaniyo ka aaghaaz ho raha hai

kuch tum has padte ho kuch mai muskaati hoon humari baaton par

meri nazaro ke noor shayad tu mera rooh-e-saaz ho raha hai

tumse milne par alag sa mere andaaz ho raha hai

sheher bhar me ye shor ye avaaz ho raha hai

mehsoos dil ko kuch khaas ho raha hai

adat

Mera ishq sharbati hai

sharab nahin

tumhe adat nahin chahat hogi humse

mere khayal agar jo aaye tujhe

mahaz ek kissa samajh kar bhul na jana

meri awaz gunjegi tere kaano me

mere aane ki aahat sunai degi har harf me

mera nam hoga

tu soch raha hai ya tujko mohobat hogi hamse

tum

itr ki shishi tod di meine

tujhe gale lagakar

teri khushbu kaafi hai

mere badan ko mehekaane ke liye

mere ghar me jitne sheeshe hai

saare nakam ho gaye

teri aankhe kaafi hai

mere shringar ko savarne ke liye

saare yaar puraane zamaane huye

teri maujudgi kaafi hai

afsaane banane ke liye

aankhe

kathhai pahaado jaisi aankhe

peheli baarish se bheegi mitti jaisi aankhe

tez dhup si pighalte suraj jaisi aankhe

tikhi,bekhauf,naachti huyi aankhe

likhu kitna in par

pyar se ghurti hasti huyi aankhe

mujhe ishq hai in aankho se

tera didaar ho jaye to kya baat hai

ishq

aag hai ya tera ishq

sek lagau ki jal jau me

dariya hai ya teri aankhe

lutf uthau ki dub jau me

yu to nahi bikte hum kaagazi kishto me

tu naam pukaare aur teri ho jaau me

inkaar

toh kya hua agar nahi pasand aaye hum

napasand hone ke liye tumhari nazaro me aaya to tha

to kya hua agar thukra diya tune

meri chahat ko

thukrane ke liye mehsus kiya to tha

tere na hone ka ghum mamuli sa lagta hai

inkaar kar ne kr liye hi sahi

tere hotho par mera naam aana

mere liye sukun tha

teri deewani

kavita me likhu ya kahaani

me likhu

Ya tere baare me khud ki zubaani likhu

Kya likhu jisme tere harf mil jaye

Ya koi nazm ruhaani si likhu

Mil jaaye jisme tere jasbaat

Padhe koi ekbaar

to mil jaye tera pyaar

Me kaise teri kahani likhu

Kya Is gazal ko Teri deewani likhu

sapno ka jahaan

kaha hai wo sapno ka jahaan

jaha ishq panapta hai wahi rehte hai roshan sitaare

aashiq saare mere tumhare nilam pighalte hai jaha

khubsurat nazaare hai mera yaar milega waha

suneheri zulfo wala gulaabi hotho wala haseen deewana

wahi rehti hai sari pariya jaadugarniya

koi bebaak nazme gaata hai

koi prem geet sunata hai

har shaqs waha awaara hai har koi mohhabat ka maara hai

wahi hai wo alag aasmaan wo sapno ka jahaan

aasu

Mehenge ho gaye hai mere aansu aab..

Jab roya tha tujhe kimat nahi thi..

Aayenge kisi din ..

Chowkhat pe teri..

Bech dena apna dil tum.

Ek katra nahi girayenge hum

Mehenge ho gaye hai mere aansu aab..

gam

Koi kagaaz laaye..
Likh de saari shikayate...
Majburiya.. aur gam..
Na khuda padhega ..
Na hi bhul payenge hum..
Kya ajib se usul banaye dunia..
Kaatne se kat ti hai ratiya..
Kat ta h vaqt..
Fir bhi kyu nahi kat ta gam..
Hoga kuch to maajra...
Shayad saansein rok le..
Ya band kar de rona hum..
Ya Chad jaaye suli..
Barbaad ho jaaye hum..

marz

La illaaj hai.. marz nahi meri bimari ka

Tum kyu fikr karte ho

Kuch nahi bigda Teri dosti yaari ka Chhodo fikr or pareshaaniya..

Ab khatam si hai apni kahaaniya..

Koi aaye suljaye agar..

Lagaye nuskhe hazaaar..

Kaise Kam aaye ...

mere marz Ka naam hai tera pyaar...

chun lo

Ek baat kehti hu sun lo.....

Mere lafz thake hai...

Tum thaam lo...

Meri kagazi mohabbat tumhe bachkani lagti hai...

Mere agosh me jhum lo...

Dard mera tumhe dikha hi nahi..

Meri Hasee ne behkaya...

Is baat ko maan lo...

Mere laal Ishq se parhez rakhte ho...

Meri safedi ko aazma lo....

Sukh gayi aankhiya.. intezaar me..

Mujhe baahon me bhar kr.. chum lo.. 15) Bunte hai sunehre khwab.. Koi kisse sunaate hai.. Najaane kyu rehte hai benaqab Ashq sukh jaaye jab..

Fir se likhenge wahi qitab..

Sach or juth se pare...

Khwabo or haiqaqat se alag..

Padhenge koi ghazal.. Hoga jab Tera zikr... Musalsal Ishq rahega Bekhauf ... Beasar...

khwaab

bunte hai sunehre khwab

koi kisse sunaate hai..

Najaane kyu rehte hai benaqab

Ashq sukh jaaye jab..

Fir se likhenge wahi qitab..

Sach or juth se pare...

Khwabo or haiqaqat se alag..

Padhenge koi ghazal.. Hoga jab Tera zikr... Musalsal Ishq rahega
Bekhauf ... Beasar...

socha tha

Nahin ho tum... jaisa meine socha tha....

Hoga koi avaara, mijazi ,allad sa..

Masum , rangeen aur dil fenk ho..

Beshak... nahi socha tha..

Har bat par akdata hoga, ladta hoga..

Chup rehta hoga...

Mgr Tum Sunte ho... bolte ho.... gaa bhi lete ho..

Aur tumhara naachna... kbhi nahin socha tha...

Patthar hoga ya loha... tumhara dil..

Phoolon sa ho hoga... kabhi nahi socha tha..

Karta hoga aiyaashi....aur badmaash bhi hoga

Maa ka khayal rkhne wale sharif ho...kabhi nahi socha tha..

Kaise bolta hoga, kaisi baatein hogi...

Choti choti baato par hasna..

Har baat par ek gaana gaa dena..

Kabhi nahi socha tha..

Yun tumhara milna aur kuch palon me

Itna pyaara ho jana...

Kabhi nahin socha tha...

Beshak nahin ho tum jaisa meine socha tha...

Parchai

mere lafz meri kahaaniyo ki parchai hai
har kavita meine unke liye banayi hai
jo padhte hai nazm mere, sunnate hai ghazalein meri
aur lutf uthaate hai mere andaaz-e-bayaan ka
shukriyada un haseen chahako ka....

9 798887 721316

Printed by Libri Plureos GmbH in Hamburg, Germany